AF511104

Dieses Buch gehört:

WAS IST WAS Erstes LESEN

Christina Braun

Die alten Griechen

TESSLOFF

Hallo!

Ich bin Sofia, die Eule.
Ich wohne hier in Athen
auf der Akropolis. Das ist der hohe
Hügel mit den Tempeln über der Stadt.
Von dort aus habe ich einen guten Blick
auf ganz Athen. Die alten Griechen
halten mich, die Eule, für sehr klug.
Komm, ich zeige dir meine Stadt
und erzähle dir alles über das
alte Griechenland.

Inhalt

Die Geschichte der alten Griechen

Wer waren die alten Griechen?

Kennst du Griechenland?
Das Land hat eine spannende Geschichte.
Alte Griechen nennen wir Menschen,
die dort vor sehr langer Zeit lebten.

Vieles aus dem alten Griechenland
bewundern wir noch heute.
Schon damals durften dort viele Menschen
in der Politik mitentscheiden.
Es gab berühmte Dichter von
Heldengeschichten und Theaterstücken.
Und viele kluge Köpfe machten
tolle Erfindungen.

An vielen Orten in Griechenland kannst du die Reste von antiken Städten bestaunen.

Viele Städte und kein König

Im alten Griechenland herrschte kein König über das ganze Land. Die einzelnen Städte regierten sich selbst. Zusammen mit den Dörfern in der Nähe bildeten sie einen Stadtstaat, die Polis.

Diese Stadtstaaten entstanden vor ungefähr 2 800 Jahren. Von hier an sprechen wir von den alten Griechen.

Die Polis

Zu einem Stadtstaat, der Polis,
gehörten die Stadt selbst
und die Orte in der Umgebung.
Bei einem Angriff konnten alle
hinter den Stadtmauern Schutz suchen.

Alle Bewohner mussten etwas
für die Gemeinschaft tun:
Steuern zahlen, als Soldat dienen,
eine Aufgabe in der Stadt übernehmen.

Grabbeigaben der Mykener

Palast der Minoer

Hast du gewusst ...

... dass vor den alten Griechen schon andere Völker in Griechenland gelebt haben? Vor ungefähr 4 000 Jahren waren das die Minoer und später die Mykener.

Der Politiker Kleistenes
kämpfte in Athen
für die Demokratie.

Tyrannen und Demokratie

Zuerst wurden die Städte
von einzelnen Männern regiert.
Doch diese waren oft rücksichtslos
und taten nur sich selbst etwas Gutes.
Man nannte sie auch Tyrannen.

Dann wurde in Athen
die Demokratie eingeführt.
Nun regierten die Bürger selbst.
Alle männlichen Bürger durften
in einer Versammlung abstimmen.
Andere Städte machten es Athen nach.

Für damals war das ein Fortschritt.
Aber heute finden wir es sehr ungerecht.
Denn Frauen, Fremde und Sklaven
durften nicht mitbestimmen.

Auf Schiffen kamen viele Waren aus den neuen Gebieten nach Griechenland.

Die Waren wurden oft in solchen Amphoren transportiert.

Neue Gebiete

Reste von antiken griechischen Städten finden wir nicht nur in Griechenland. Es gibt sie rund um das Mittelmeer. Zum Beispiel in der heutigen Türkei, in Spanien oder im Süden Italiens.

Denn viele Griechen verließen auf Schiffen ihr Land. Sie eroberten neue Gebiete und gründeten Städte. Von dort schickten sie Getreide, Holz und andere Dinge in die Heimat.

Kriege über Kriege

Das alte Griechenland gab es
ungefähr 500 Jahre lang.
In dieser ganzen Zeit war selten Frieden.

Die Bewohner der neuen Gebiete
wehrten sich natürlich gegen die Griechen.
Und auch die griechischen Städte
kämpften dauernd gegeneinander.
Sparta und Athen waren
die schlimmsten Gegner.
Jeder wollte der Anführer im Land sein.

Doch bei Angriffen anderer Völker
kämpften die Städte gemeinsam.
Zum Beispiel gegen die Perser.

Gekämpft wurde fast immer
im alten Griechenland.

Die griechische Triere

Die Griechen waren geübte Seefahrer.
Mit ihren Schiffen
fuhren sie über das Mittelmeer
und handelten mit Waren.

Aber auch im Krieg wurden Schiffe benutzt.
Diese Schiffe waren sehr schmal.
Sie heißen Trieren.

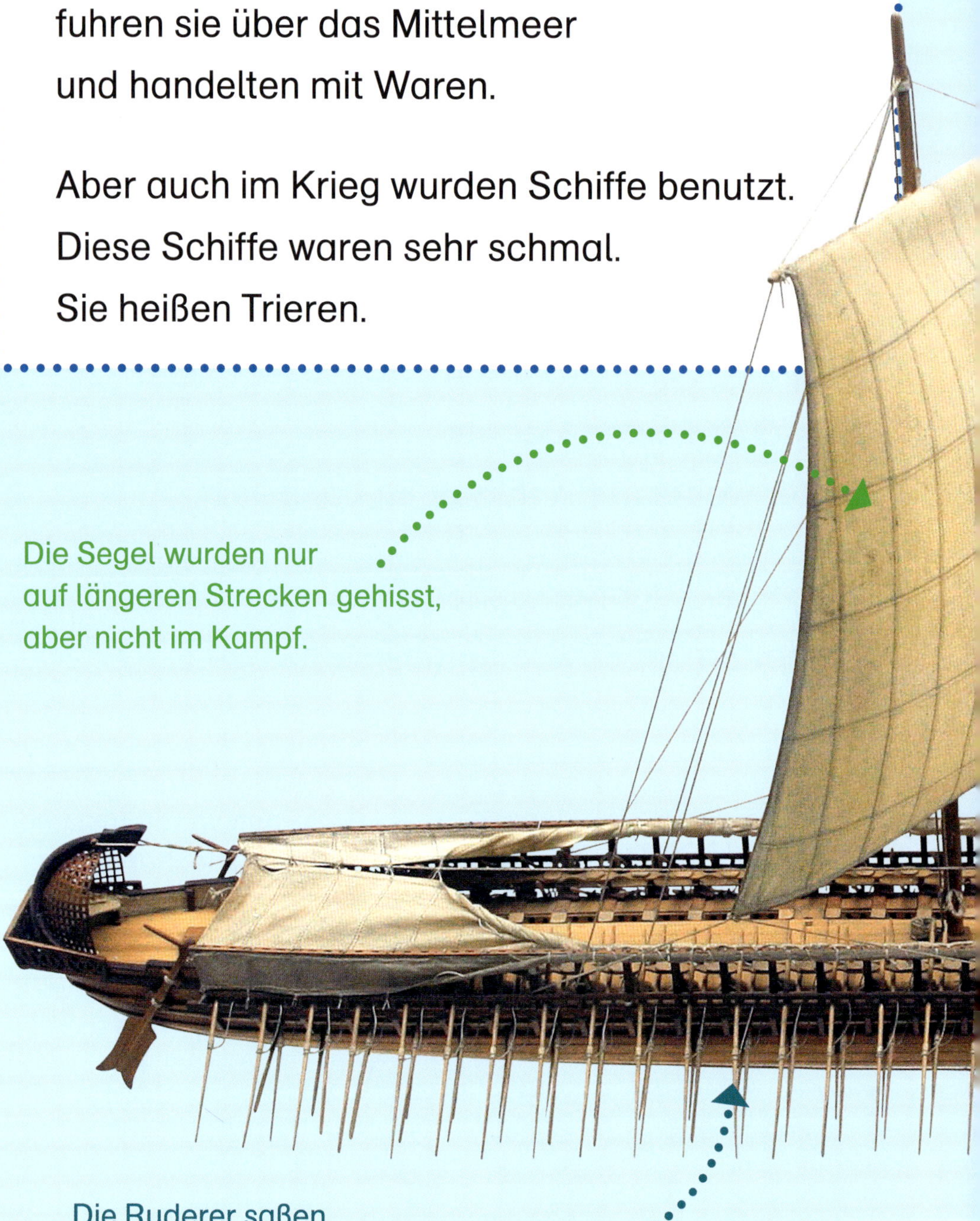

Eine Triere lag nicht so tief im Wasser
und war deshalb sehr wendig.
170 Ruderer trieben das Schiff an.

Vor allem Athen war auf dem Meer sehr stark.
Mit anderen Städten zusammen
gründete es den Attischen Seebund.
Gemeinsam konnten sich die Städte
gegen die Perser verteidigen.

Mit dem Rammsporn
wurden die feindlichen
Schiffe gerammt.

Schon sehr früh begannen
die Jungen zu trainieren.
Später wurden sie Soldaten.

Sparta ist anders

Athen war damals das Vorbild
für viele andere Städte.
Doch nicht für die Spartaner!
In Sparta bestimmten wenige Männer.
Alle anderen hatten kaum Rechte.

Krieg war in Sparta das Allerwichtigste.
Die Menschen trieben sehr viel Sport.
Sie waren jederzeit zum Kampf bereit.

An Land waren die Spartaner
die besten Kämpfer.
Nach endlosen Kriegen siegten sie
gegen ihren Erzfeind Athen.

Spartas Soldaten

Spartas Soldaten waren gut geschützt.
Sie trugen Helm, Brustpanzer,
einen großen Schild und Beinschienen.

Im Kampf stellten sich die Soldaten
in engen Reihen auf.
So waren sie wie eine Wand.
Mit einer langen Lanze
griffen sie ihre Feinde an.

Die spartanischen Soldaten kämpften in engen Reihen.

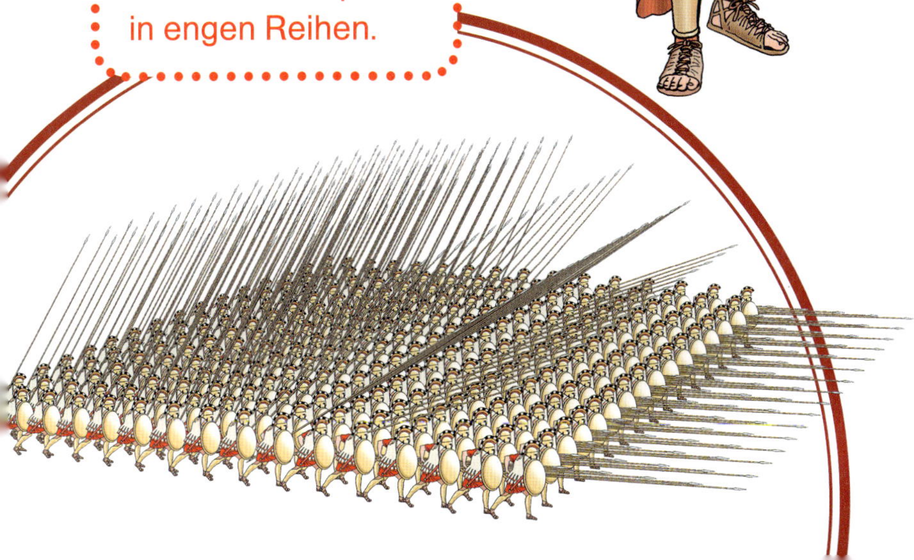

In wenigen Jahren eroberte
Alexander der Große
ein riesiges Reich.

Alexander der Große

Vor ungefähr 2 400 Jahren eroberte
der König von Makedonien Griechenland.
Makedonien lag im Norden des Landes.

Sein Sohn Alexander machte
mit den Feldzügen weiter.
Er eroberte ein riesiges Reich.
Es umfasste Persien und Ägypten
und reichte bis ins heutige Pakistan.

Alexander verbreitete die griechische
Sprache und Lebensweise
über das ganze große Gebiet.
Nach seinem Tod zerbrach das Reich.
Bald eroberten die Römer viele Gebiete.

Sofias Lesequiz

1 Wie nennt man einen griechischen Stadtstaat?

a) Akropolis

b) Polis

c) Triere

2 Welche Stadtstaaten waren die schlimmsten Feinde?

a) Sparta und Milet.

b) Athen und Rom.

c) Athen und Sparta.

3 Was war in Sparta das Wichtigste?

a) Fit sein für den Krieg.

b) Alle dürfen mitbestimmen.

c) Theater und Musik.

Lösung: 1b), 2c), 3a)

So lebten die Griechen

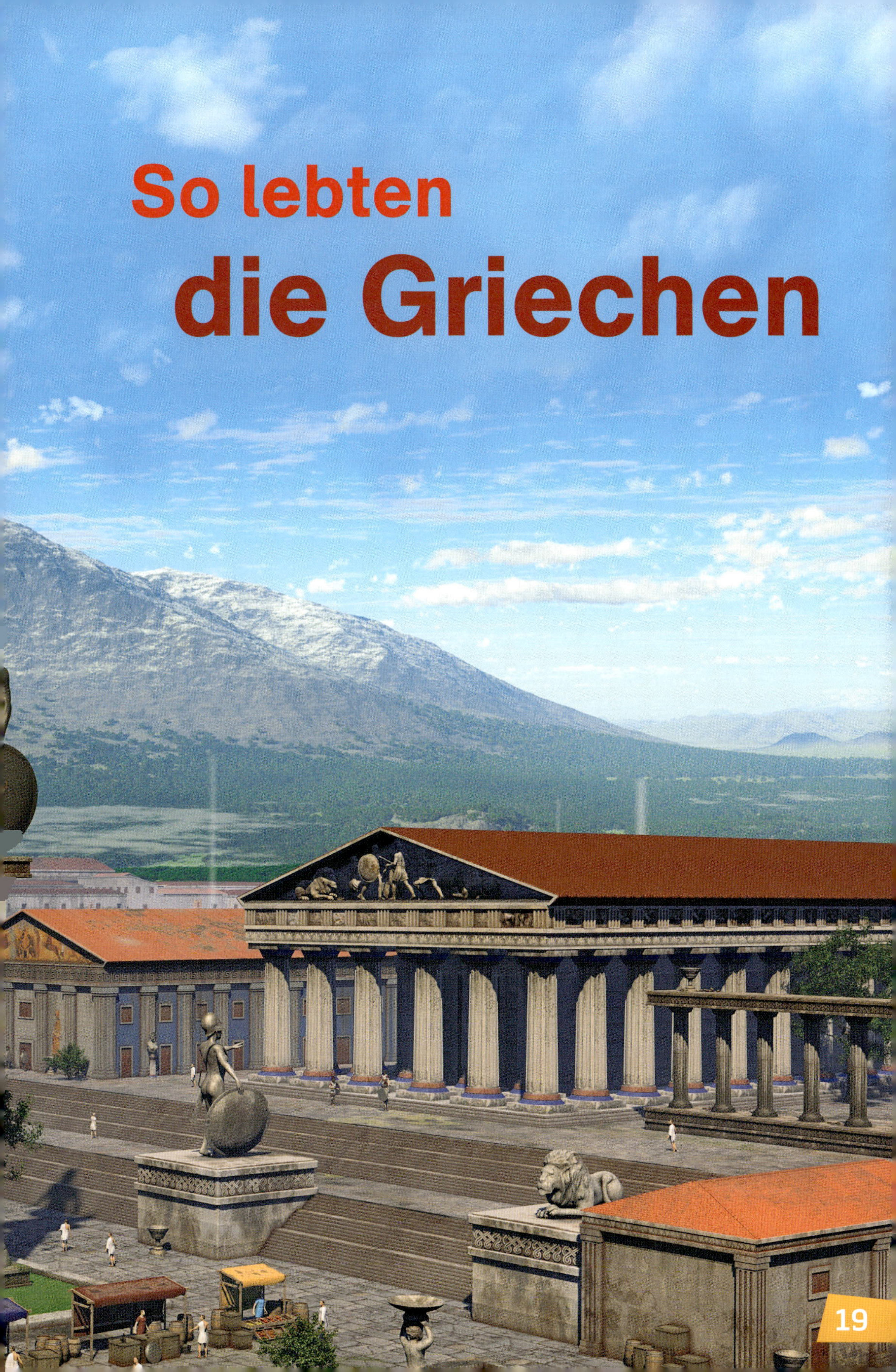

Das alte Athen

Die Stadt Athen

In den meisten griechischen Städten
sah es so ähnlich aus wie in Athen.
In der Mitte der Stadt lag die Agora.
Das war der Marktplatz.
Auch die Versammlungen der Bürger
fanden hier statt.

Am Marktplatz stand eine Säulenhalle,
die Stoa.
Hier verkauften Handwerker
und Händler ihre Waren.
Aber auch die Politiker und großen Denker
trafen sich hier zum Reden.

Der Platz der Götter

Akropolis heißt der Hügel
hoch über der Stadt.
Hier standen verschiedene Tempel.

Der Parthenon-Tempel war der größte.
Er war der Göttin Athene geweiht.
Sie war die Beschützerin Athens.
Im hinteren Teil des Tempels
gab es eine Schatzkammer.
Dort lagerten die Schätze der Athener.

Parthenon-Tempel

Im Parthenon-Tempel
stand eine riesige Statue
der Göttin Athene.

Männer und Frauen

Im alten Griechenland hatten die Männer viel mehr Rechte als die Frauen.
Die Frauen mussten tun, was der Vater oder Ehemann ihnen sagte.
Aller Besitz gehörte dem Mann.
Nur in Sparta war es etwas anders.

Die reichen, verheirateten Frauen blieben meistens im Haus.
Sie nahmen nicht an Feiern teil und lebten getrennt von den Männern.
Die ärmeren Frauen gingen zum Einkaufen auf den Markt oder arbeiteten auf dem Feld.

Die Frauen kümmerten sich um das Haus und die Kinder. Und sie stellten Stoffe her.

Sklaven

Im alten Griechenland gab es viele Sklaven.
Sie mussten die schweren Arbeiten verrichten.
Reiche Leute ließen auch die Hausarbeit
von Sklaven erledigen.

Meist kamen die Sklaven
aus den eroberten Gebieten.
Oder sie wurden im Krieg
gefangen genommen.
Sie hatten keine Rechte
und durften nicht
über sich selbst bestimmen.
Oft gab es in einem Gebiet
mehr Sklaven als freie Bürger.

Die vielen Sklaven mussten schwer arbeiten.

So wohnte man

Die Häuser der ärmeren Leute
waren sehr einfach.
Sie waren aus Lehm und Holz gebaut.
In der Stadt standen die Häuser
oft dicht an dicht.

Die Häuser der reichen Leute
waren aus Stein.
Oft gab es zwei Stockwerke.
Frauen und Männer wohnten
in getrennten Zimmern.

Haus mit zwei Stockwerken

Oft aßen
die Griechen
auf Liegen.

Für das Licht hatte
man kleine Öllampen.
In ihnen war Olivenöl.

Reiche Leute
hatten gerne
Mosaikböden.

In den Häusern

Auch bei den reichen Griechen gab es nur wenige Möbel. Hocker, Stühle und Tische wurden oft von Zimmer zu Zimmer getragen.

Die Kleidung wurde in Truhen aufbewahrt. Zum Ausruhen und Schlafen gab es Liegen. Die Griechen ließen sich auf ihnen oft auch ihr Essen schmecken.

Eine Toilette gab es noch nicht. Stattdessen benutzte man einen Tontopf mit Deckel.

In der Küche wurde über einer Feuerstelle gekocht. Oft trocknete man hier auch die Wäsche.

Jungs gingen zur Schule

Alle Kinder blieben bei ihren Müttern,
bis sie sieben Jahre alt waren.

Dann kamen die Jungen in die Schule.
Sie lernten lesen, schreiben und rechnen.
Außerdem übten sie Singen
und spielten ein Instrument.

Mit zwölf Jahren gingen sie
auf einen Sportplatz, das Gymnasion.
Dort übten sie Laufen, Werfen,
Weitsprung und Ringen.

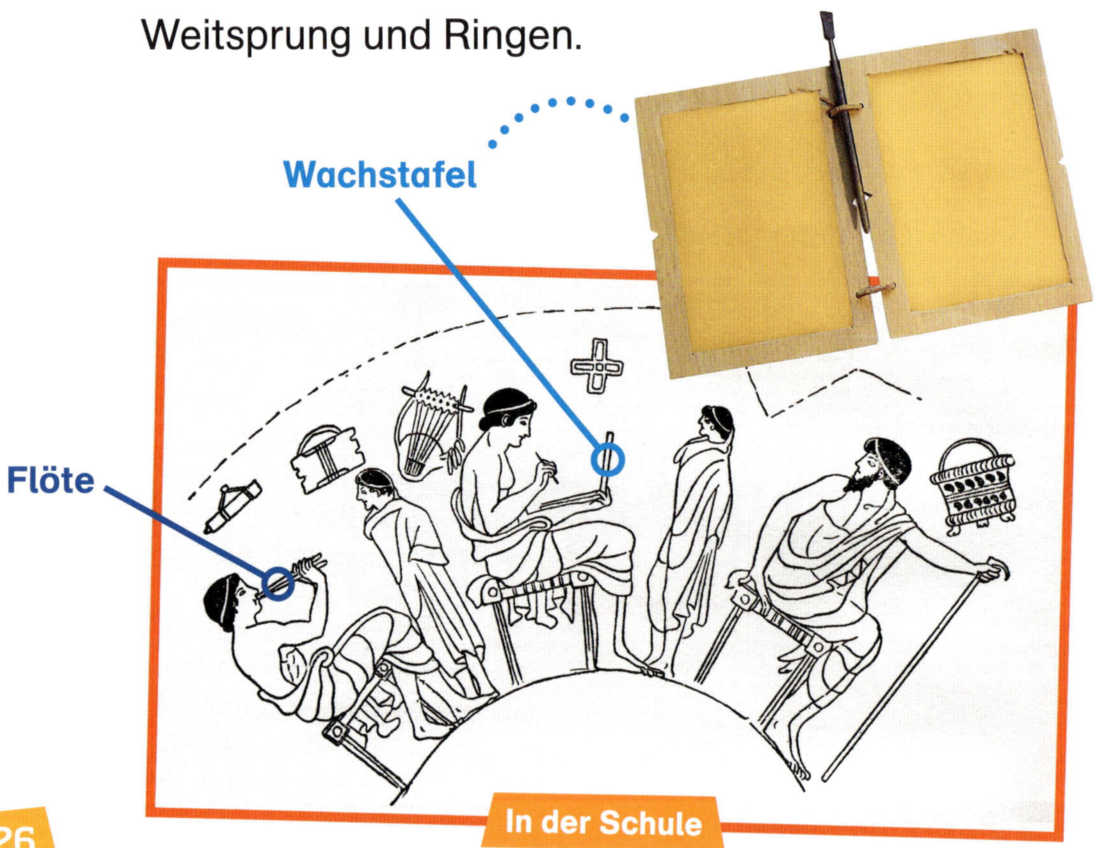

Hast du gewusst ...

... dass die Kinder damals schon Jojos hatten? Sie spielten auch mit Murmeln und Bällen, Puppen aus Ton, Kreiseln und Reifen.

Mädchen blieben zu Hause

Die Mädchen gingen nicht zur Schule. Sie blieben zu Hause und lernten dort, wie man kocht und Kleidung herstellt. Manchmal heirateten sie schon mit 13 Jahren!

Nur in sehr reichen Familien wurden die Mädchen manchmal von einem Hauslehrer unterrichtet.

Olivenbäume

Aus der Milch
von Schafen
und Ziegen
machte man Käse.

Aus den Oliven
presste man Öl.
Aber sie wurden auch
gerne gegessen.

Was gab es zu essen?

Im alten Griechenland gab es jeden Tag frisches Fladenbrot. Zum Frühstück tunkte man es oft in Wein, Wasser oder Milch. Mittags aßen die Leute meistens Käse und Oliven dazu.

Abends gab es ein warmes Essen aus Linsen, Bohnen oder Erbsen und Gemüse. Bei den reichen Leuten kamen manchmal auch Fisch und Fleisch auf den Tisch.

In Tücher gehüllt

Die Kleidung der alten Griechen
wurde kaum genäht.
Die Leute kleideten sich in einfache Tücher.
Diese wurden mit Bändern, Gürteln, Nadeln
und Spangen festgehalten.
Es gab ein Unterkleid und einen Umhang.

Reiche Griechen verwendeten
feinere Stoffe mit Verzierungen.
Vor allem Frauen trugen gerne bunte Stoffe.
Diese mussten aufwendig gefärbt werden.

Opfer für die Götter

Im Leben der alten Griechen
waren die Götter sehr wichtig.
Man baute ihnen Tempel
und brachte ihnen Opfer dar.

Milch, Öl, Wein, Früchte oder Tiere
sollten die Götter gnädig stimmen.
Und damit für eine gute Ernte,
Schutz für das Haus oder
eine siegreiche Schlacht sorgen.

Eine Frau opfert an einem kleinen Altar.

Tieropfer werden zum Tempel gebracht.

Die Priesterin
im Tempel
sprach in Rätseln.

Tempelruinen von Delphi

Orakel von Delphi

Rätselhafter Rat

Manchmal wollten die alten Griechen
einen Rat von den Göttern haben.
Dazu befragten sie ein Orakel.
Das berühmteste war das Orakel in Delphi.

Im Tempel von Delphi gab es eine Priesterin.
Sie antwortete auf die Fragen.
Wahrscheinlich wurde sie vorher
durch Dämpfe in einen Rausch versetzt.
Die Dämpfe kamen aus einer Spalte im Boden.
Die Antworten waren meist rätselhaft.
Man musste sich immer gut überlegen,
was der Spruch bedeuten sollte.

Die Götter der Griechen

Die alten Griechen glaubten,
dass die Götter
auf dem Berg Olymp wohnten.
Sie alle waren eine große Familie.
Oft gab es Streit zwischen ihnen.

Zeus ist der oberste Gott
und Herrscher des Himmels.
Er sendet Blitz und Donner.

Hera ist Zeus` Ehefrau
und die Göttin der Familie.

Die Götter **Poseidon** und **Hades**
sind Zeus` Brüder.
Poseidon ist der Gott des Meeres.
Hades ist der Gott der Unterwelt.
Er herrscht über das Reich der Toten.

Artemis ist die Göttin der Jagd und des Waldes. Ihr Zwillingsbruder **Apollon** ist für Musik, Gesang und Dichtung, für das Licht und das Heilen zuständig.

Ares ist der Gott des Krieges. Er sorgt für schreckliche Schlachten und Streit zwischen den Menschen.

Dionysos ist der Gott des Weins und der Trauben, der Freude – und auch des Wahnsinns!

Athene ist die Göttin der Weisheit und der klugen Kriegsführung. Zu ihr gehört die Eule.

Sport für die Götter

Zu Ehren der Götter veranstalteten die Griechen sportliche Wettkämpfe. Männer aus ganz Griechenland nahmen daran teil.

Die Wettkämpfe fanden an mehreren heiligen Orten statt. Am wichtigsten waren die Spiele von Olympia. Man feierte sie alle vier Jahre zu Ehren des Gottes Zeus.

Diskuswerfer

Es gab verschiedene Sportarten: Laufen, Werfen, Springen, aber auch Kampfsport und Pferderennen.

Ringer

Läufer

Der Sieger bekam einen Blätterkranz. Zu Hause in seiner Heimatstadt wurde er dann reich belohnt.

Tage des Friedens

In der Zeit der Spiele durfte
in ganz Griechenland
kein Krieg geführt werden.
Eine echte Leistung
für die griechischen Städte!
Denn sie lagen ja ständig im Streit.

Nur freie, griechische Männer
traten bei den Spielen an.
Zuschauen durften nur freie Männer
und unverheiratete Frauen.
Sklaven und verheiratete Frauen
durften nicht ins Stadion.

Hast du gewusst ...

... dass die Athleten keine Kleidung anhatten? Die Männer traten nackt gegeneinander an.

So sieht es heute in Olympia aus. Durch den Gang liefen die Athleten ins Stadion.

Die Olympischen Spiele heute

Vor ungefähr 150 Jahren wurden
die Sportplätze in Olympia ausgegraben.
Der Franzose Pierre de Coubertin
war begeistert!
Er wollte solche Spiele auch in unserer Zeit.
Im Jahr 1896 hatte er es geschafft:
Die Olympischen Spiele fanden wieder statt.

Die Spiele gibt es noch heute.
Sportler aus der ganzen Welt
nehmen daran teil.
Alle vier Jahre finden sie
in einem anderen Land statt.
Heute gibt es viel mehr Sportarten als früher.
Und natürlich nehmen auch Frauen teil!

Sofias Lesequiz

1 Wie heißt der Gott des Meeres?

a) Zeus

b) Poseidon

c) Apollon

2 Wie kleideten sich die alten Griechen?

a) Sie strickten die meiste Kleidung.

b) Sie nähten Hosen, Röcke und Hemden.

c) Sie wickelten sich in Tücher.

3 Was aßen die Leute jeden Tag?

a) Brot

b) Fisch

c) Kartoffeln

Lösung: 1b), 2c), 3a)

Sagenhafte Geschichten

Wettstreit der Dichter

An den Festtagen des Gottes Dionysos
gab es Musik und Tanz.
Daraus wurden später die Theatertage.
Mehrere Dichter zeigten ihre Theaterstücke
in einem Wettbewerb.

Es gab lustige Stücke, die Komödien,
und traurige Stücke, die Tragödien.

Die Schauspieler trugen Masken.
So konnte man auch von weit weg
die Gefühle der Figuren erkennen.
Die Masken wurden auch gewechselt.
Denn es gab höchstens drei Schauspieler.
Diese mussten alle Rollen übernehmen.

Der Dichter Menander
betrachtet Theatermasken
für seine Stücke.

Theater von Epidauros

Die riesigen Theater waren so gebaut, dass man auch ganz hinten alles hören konnte.

Unter freiem Himmel

Die Aufführungen fanden
in einem halbrunden Theater statt.
Auf der Bühne gab es einen Chor.
Er begleitete das Stück mit Musik.

Durch unterirdische Gänge
konnten die Schauspieler
wie aus dem Nichts auftauchen
und das Publikum überraschen.

Es gab sogar einen Kran.
Damit flogen die Schauspieler
als Götter durch die Luft.

Masken

Die Sage vom hölzernen Pferd

Der Sage nach entführte Paris,
Sohn des Königs von Troja,
die schöne Helena aus Griechenland.
Die Griechen zogen in den Krieg gegen Troja.
Zehn Jahre lang belagerten sie die Stadt.

Da hatte der Grieche Odysseus
die Idee mit dem hölzernen Pferd.
Die Griechen brachten es
den Trojanern als Geschenk.
Aber im Bauch des Pferdes
versteckten sich griechische Soldaten.
So gelangten sie in die Stadt
und zerstörten Troja in der Nacht.

Die Griechen bringen das hölzerne Pferd vor die Mauern Trojas.

Riesen und Ungeheuer, Zauberinnen, Stürme und andere Gefahren halten Odysseus immer wieder auf.

Die Odyssee

Der berühmte Dichter Homer schrieb zwei große Erzählungen: die Ilias und die Odyssee.

In der Ilias geht es um 51 Tage im Krieg von Troja. Könige, Helden, Göttinnen und Götter streiten und kämpfen miteinander.

Die Odyssee erzählt von der Heimfahrt des Odysseus aus Troja. Weil er den Gott Poseidon verärgert hat, muss er zehn Jahre übers Meer fahren und viele Gefahren überstehen.

Heinrich Schliemann

So sah es bei
den Ausgrabungen aus.

Ein großer Traum

Auch der reiche Kaufmann
Heinrich Schliemann
hatte die Ilias als Junge gelesen.
Er liebte die Geschichten
rund um die Stadt Troja.

Niemand wusste,
ob es Troja wirklich gegeben hatte.
Aber Schliemann verkaufte seinen Besitz
und machte sich auf die Suche.

Zuerst suchte er am falschen Ort.
Aber dann brachte ihn der Forscher
Frank Calvert auf die richtige Spur.

Der Hügel Hisarlik

Schliemann grub mit seinem Team
auf dem Hügel Hisarlik in der Türkei.
Und tatsächlich!
Im Jahr 1873 stieß er auf Troja
und fand prächtige Schätze aus Gold.

Aber Schliemann hatte zu tief gegraben.
Das Troja aus der Ilias lag weiter oben.
Auf dem Hügel Hisarlik liegen nämlich
neun Siedlungen übereinander.
Die Stadt wurde immer wieder verlassen,
zerstört, überwuchert, von Erde bedeckt
und neu gebaut.

Schätze

Auf dem Hügel Hisarlik
in der Türkei liegen die
Reste der Stadt Troja.

Von Tieren lernen

Kennst du vielleicht die Fabel
vom Löwen und der Maus?
Der starke Löwe lacht
eine kleine, schwache Maus aus.
Aber bald braucht er ihre Hilfe …

Es gibt viele solche Geschichten.
In einer Fabel sind Tiere wie Menschen:
besonders schlau oder dumm,
faul oder fleißig, geizig oder hochnäsig.
Aus dem Verhalten der Tiere
sollen wir Menschen etwas lernen.

Viele dieser Fabeln kennen wir
von den alten Griechen.
Der Dichter Äsop
soll sie geschrieben haben.

Die kleine Maus hilft dem starken Löwen.

Sofias Lesequiz

1 Welche Stadt fand Heinrich Schliemann?

a) Sparta

b) Troja

c) Athen

2 Welche Geschichten schrieb Äsop?

a) Romane

b) Theaterstücke

c) Fabeln

3 Wovon erzählt die Odyssee?

a) Von dem langen Heimweg des Odysseus.

b) Von der Eroberung Spartas.

c) Von den Abenteuern Heinrich Schliemanns.

Lösung: 1b), 2c), 3a)

Schlaue Köpfe

Dieses berühmte Gemälde zeigt viele griechische Denker. Aber eigentlich lebten sie nicht alle zur gleichen Zeit.

Die Philosophen

Besonders in Athen trafen sich
viele kluge Köpfe.
Sie dachten über die Welt
und über die Menschen nach.
Diese Leute nannte man Philosophen.

Die Philosophen glaubten,
dass alle Dinge einen Grund haben.
Und den wollten sie herausfinden.
Das war neu für diese Zeit,
denn die meisten Leute glaubten,
dass die Götter alles steuern.

Verschiedene Wissenschaften

Vieles, was wir heute wissen,
haben die griechischen Philosophen
damals herausgefunden.
Sie forschten zum Beispiel
in der Mathematik und in der Technik,
über das Weltall und über die Gesundheit.

Das alles fanden die alten Griechen heraus:

Die Erde ist rund.

Die Fläche eines
Kreises berechnen.

Wasser nach oben
transportieren.

Sauberkeit verhindert
Krankheiten.

Sokrates

Die Philosophen dachten auch
über die Seele des Menschen nach.
Sie fragten sich,
warum Menschen gut oder böse handeln.
Und was richtig und falsch ist.

Einer von ihnen war Sokrates.
Auch er dachte darüber nach,
was richtig, falsch und gerecht ist.

Und er stellte viele Fragen!
Mit seinen Fragen
wollte er den Menschen zeigen:
Vieles, was wir glauben,
stimmt vielleicht gar nicht.

Sokrates diskutiert mit einem Schüler.

Sokrates im Gefängnis.
Gleich trinkt er
einen Becher mit Gift.

Unerhört!

Nicht alle fanden Sokrates` Ideen gut.
Er wurde zum Tode verurteilt,
weil er die Götter beleidigte.
Und weil er jungen Menschen
Flausen in den Kopf setzte.

Platon

Der Philosoph Platon war
ein Schüler von Sokrates.
Er schrieb alles auf,
was Sokrates gesagt hatte.
Und er dachte weiter nach.
Zum Beispiel darüber,
wie ein Land regiert werden sollte.

Platon

Platon und sein
Schüler Aristoteles.

Aristoteles

Auch Platon hatte einen
berühmten Schüler: Aristoteles.

Aristoteles erkannte,
dass die Erde rund ist.
Denn bei einer Mondfinsternis
wirft die Erde einen runden Schatten
auf den Mond.

Leider ging dieses Wissen wieder verloren.
Noch vor 500 Jahren
glaubten die Menschen in Europa,
die Erde sei eine flache Scheibe.

Bei einer Mondfinsternis
steht die Erde zwischen
Sonne und Mond.
Ihr Schatten ist rund.

Vieles, was Hippokrates sagte, gilt noch heute.

Hippokrates

Hippokrates

Vor über 2400 Jahren gründete
Hippokrates eine Schule für Ärzte.

Hippokrates nahm sich Zeit
und untersuchte Kranke ganz genau.
Sauberkeit war ihm sehr wichtig.
Damit sie nicht krank werden,
sollten die Menschen Sport treiben.
Und gesund essen.

Hippokrates legte auch Regeln für Ärzte fest.
Wir nennen sie den hippokratischen Eid.
Ein Arzt muss immer alles dafür tun,
dass sein Patient gesund wird.
Und er darf niemandem etwas
über den Patienten weitersagen.

Archimedes

Archimedes war ein berühmter
Mathematiker und Erfinder.
Er berechnete als Erster
den Umfang und die Fläche von Kreisen.
Seine archimedische Schraube
transportiert Wasser nach oben.

Archimedes berechnete auch
die Hebelgesetze.
Du kennst sie von einer Wippe.
Je weiter hinten du sitzt,
desto länger ist der Hebel.
Und desto stärker deine Kraft.

Das kleinere Kind kann
das größere heben.
Es hat den längeren Hebel.

Goldstück und Krone sind gleich schwer, aber nicht gleich groß.

Archimedes und die Krone

Diese Geschichte wird
über Archimedes erzählt:
Ein König wollte von ihm wissen,
ob seine Krone ganz aus Gold war.

Dafür legte Archimedes sie in eine Wanne.
Diese war bis zum Rand mit Wasser gefüllt.
Legte man etwas hinein, floss Wasser über:
so viel, wie der Gegenstand groß war.

Dann legte er ein Stück Gold in die Wanne.
Das Gold war genauso schwer wie die Krone.
Es lief aber nicht genauso viel Wasser über.
Gleich schwer, aber nicht gleich groß?
Dann war es nicht das gleiche Material.

Sag mal, Sofia ...

... ist das nicht ganz schön verwirrend mit den vielen Göttern?

Oh, ja! Ich weiß manchmal gar nicht, wen ich als Erstes um Segen bitten soll. Und auf dem Olymp geht es oft drunter und drüber. Zumindest erzählen uns das die vielen Geschichten.

An welchem Ort in Athen bist du denn am liebsten?

Ich sitze am liebsten auf der Agora. Dort ist immer etwas los. Die Leute erzählen sich Neuigkeiten. Händler verkaufen alles Mögliche. Und ich kann die Philosophen beim Diskutieren belauschen.

Welche Polis würdest du dir gerne einmal genauer anschauen?

Es gibt ja so viele Stadtstaaten
rund um das Mittelmeer.
Aber am spannendsten
fände ich Sparta.
Einfach, weil es dort ganz anders
als im Rest von Griechenland ist.
Das würde ich mir gerne
einmal ansehen.
Aber nur aus sicherer Entfernung!

Und was hast du heute noch vor?

Bald sind Theatertage.
Mal sehen, ob die Chöre schon proben.
Da höre ich immer gerne zu.
Und vielleicht kann ich auch heimlich
den Schauspielern zusehen.

Danke, Sofia!
Dabei wünschen wir dir viel Spaß!

Sofias großes Lesequiz

1 Wo kämpften die Spartaner besonders gut?

a) In der Luft.

b) Auf dem Wasser.

c) An Land.

2 Welcher Feldherr eroberte Persien, Ägypten und viele andere Gebiete?

a) Homer der Alte.

b) Alexander der Große.

c) Perikles der Jüngere.

3 Was bedeutet das Wort „Demokratie“?

a) Es bedeutet, dass es einen König gibt.

b) Es ist ein anderes Wort für Stadtstaat.

c) Es bedeutet, dass die Bürger selbst bestimmen.

Lösung: 1c), 2b), 3c)

4 Welche Göttin war die Beschützerin Athens?

a) Die Göttin Athene.

b) Die Göttin Hera.

c) Die Göttin Artemis.

5 Was waren die griechischen Trieren?

a) Wasserleitungen im Boden.

b) Schmale, wendige Schiffe.

c) Säulen im Tempel.

6 Wie oft fanden die Olympischen Spiele statt?

a) Alle zwei Jahre.

b) Alle drei Jahre.

c) Alle vier Jahre.

Lösung: 4a), 5b), 6c)

7 **Wo gab es das berühmteste Orakel?**

a) In Athen.

b) In Delphi.

c) In Sparta.

8 **Wer war Sokrates?**

a) Ein Feldherr.

b) Ein Priester.

c) Ein Philosoph.

9 **Welchen Gegenstand hat Archimedes untersucht?**

a) Einen Tisch.

b) Eine Krone.

c) Eine Kette.

Lösung: 7b), 8c), 9b)

10 Wer gründete eine Schule für Ärzte?

a) Odysseus

b) Hippokrates

c) Zeus

11 Was trugen die Athleten beim Wettkampf?

a) Sie hatten weiße, kurze Gewänder an.

b) Sie waren nackt.

c) Sie trugen nur eine kurze Hose.

12 Wo wohnten die griechischen Götter?

a) Auf dem Olymp.

b) Auf der Akropolis.

c) In Troja.

Lösung: 10b), 11b), 12a)

Bildquellennachweis

Adobe Stock: 7ol (RnDmS), 38-39 (Dimitrios); **AncientAthens3D.com:** 20o (Dimitrios Tsalkanis); **flickr:** 27om (PD/Gary Todd), 27ol (PD/Gary Todd); **iStock:** 4-5 (WitR); **picture alliance:** 8ml (Scheibe: CM Dixon/Heritage Images), 8ml (Becher: World History Archive), 8mr (Nicolas Economou/ NurPhoto), 9o (Ohio Statehouse/CPA Media Co. Ltd), 10ol (Stefan Auth/imageBROKER), 12-13 (Matthias Kabel (PD)/CPA Media Co. Ltd), 14o (akg-images), 16o (Nimatallah/akg-images), 22ur (André Held/akg-images), 25ol (André Held/akg-images), 25or (Bildarchiv Steffens/akg), 25mm (Anna Reinert/imageBROKER), 26u (Ken Welsh/Design Pics), 27or (Erich Lessing/akg-images), 30ur (André Held/akg-images), 31or (akg-images), 36or (Herve Champollion/akg-images), 43or (akg-images), 44ol (akg-images), 44or (akg-images), 45ur (Ohrgehänge: akg-images), 45ur (Nadel: akg-images), 45ur (Ohrringe: akg-images), 50o (Marc Rasmus/imageBROKER), 52u (Schuetze/ Rodemann/akg-images), 53o (Erich Lessing/akg-images), 53ur (Sven Hoppe/dpa), 54or (Rabatti - Domingie/akg-images), 54u (Ralf Hirschberger/ZB), 55or (Rabatti - Domingie/akg-images), 61ul (akg-images), 62or (akg-images), 63o (Rabatti - Domingie/akg-images); **Shutterstock:** 6ul (Rainer Lesniewski), 7or (Takis Bks), 7m (Heracles Kritikos), 11u (Massimo Todaro), 15mr (Massimo Todaro), 15ul (Massimo Todaro), 18-19 (Juan Manuel Rodriguez), 21ul (Tomas Marek), 22ul (Massimo Todaro), 23um (Hoika Mikhail), 28ol (John Theodor), 28om (ollirg), 28or (anna.q), 28mm (Martidis Ioannis), 29u (Massimo Todaro), 31ol (sssanchez), 32-33 (Göttinnen und Götter: Good_Stock), 35or (blackboard1965), 36om (Aerial-motion), 41o (Aerial-motion), 41mr (Piotr Kloska), 41ur (Panos Karas), 45ul (Reimar), 48-49 (EpicStockMedia), 51 (Erde: rangizzz), 51 (Kreisfläche: pupunkkop), 51 (Wassertransport: Nor Gal), 51 (Sauberkeit: myboys.me), 55ol (Comeback Images), 56or (ppl), 57or (Goldbarren: VladKK), 57mr (Krone: photomaster); **Smirnov, Nikolai:** 42u; **Sol90images:** 24u; **Wikipedia:** 8ml (Hörner: CC BY-SA 4.0/George E. Koronaios), 10or (CC BY-SA 3.0/Ad Meskens), 21ur (Free Art License 1.3/Photograph by Dean Dixon, Sculpture by Alan LeQuire), 26mr (CC BY-SA 3.0/Sippel2707), 30ul (CC BY 2.5/Marie-Lan Nguyen (User:Jastrow), 2008-08-26), 34ml (PD/Marie-Lan Nguyen/Louvre Museum, Paris), 34um (CC BY 2.5/Marie-Lan Nguyen/British Museum), 34ur (CC BY 2.5/ Marie-Lan Nguyen (User:Jastrow), 2007/British Museum), 40ul (PD/Dave & Margie Hill/ Kleerup - Princeton University Art Museum), 45ur (Flasche: CC BY-SA 3.0/Einsamer Schütze), 46u (PD/http://www.gutenberg.org/etext/19994)

Umschlagfotos: Shutterstock: U1 (tilialucida), U4 (Skilful)

Text: Christina Braun
Lektorat: Julia Meyer
Illustrationen: Ruth Koch
Bildredaktion: Katja Filler
Gestaltung: Ruth Koch
Umschlaggestaltung: Ruth Koch

Burgschmietstraße 2–4, 90419 Nürnberg
www.tessloff.com

ISBN 978-3-7886-7681-0

WAS IST WAS
Erstes LESEN
Wale und Delfine
TESSLOFF

WAS IST WAS
Erstes LESEN
Planeten
TESSLOFF

WAS IST WAS
Erstes LESEN
Vulkane
TESSLOFF

WAS IST WAS
Erstes LESEN
Natur entdecken

WAS IST WAS
Erstes LESEN
Bienen
TESSLOFF

WAS IST WAS
Erstes LESEN
Wald
TESSLOFF

WAS IST WAS
Erstes LESEN
Pferde und Ponys

WAS IST WAS
Erstes LESEN
Wetter
TESSLOFF

WAS IST WAS
Erstes LESEN
Polargebiete

WAS IST WAS
Erstes LESEN
Unsere Erde
TESSLOFF

WAS IST WAS
Erstes LESEN
Insekten
TESSLOFF

WAS IST WAS
Erstes LESEN
Ozeane
TESSLOFF

WAS IST WAS
Erstes LESEN
Dinosaurier
TESSLOFF
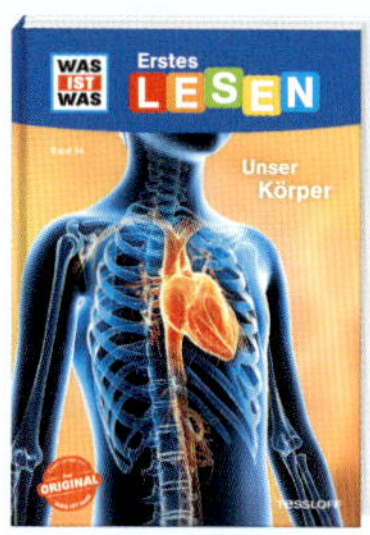
WAS IST WAS
Erstes LESEN
Unser Körper
TESSLOFF

WAS IST WAS
Erstes LESEN
Regenwald
TESSLOFF

WAS IST WAS
Erstes LESEN
Haie
TESSLOFF

WAS IST WAS
Erstes LESEN
Raubkatzen
TESSLOFF

WAS IST WAS
Erstes LESEN
Greifvögel
TESSLOFF

WAS IST WAS
Erstes LESEN
Ritter und Burgen
TESSLOFF

WAS IST WAS
Erstes LESEN
Wölfe
TESSLOFF